La plupart des coiffures proposées dans ce livre sont très faciles à réaliser. Prenez le temps de vous entraîner pour celles qui seraient d'un niveau plus élevé.

Enfin, à vous d'innover, d'inventer et de mettre toute votre fantaisie dans les coiffures.
Rappelez-vous que la coiffure doit plaire à votre modèle et à vous-même. Tant pis si ça ne ressemble pas au tutoriel.
Au contraire, envoyez-moi une photo, ça m'inspirera.

À vous la gloire et le titre de la personne
la « plus géniale » !

Alice

Experte en tresses

facebook.com/alicepassioncoiffure

COIFFURES FOLLES

Prévoyez un peu plus de pratique et de temps. Quand vous les aurez en main, ce sera vous la star. Pour un anniversaire, une cérémonie ou pour vous amuser...

ANAÏS · 44

ÉVA · 49

ASTRID · 123

FIFI · 94

INÈS · 103

LAURIE · 39

LÉNA · 29

MARIE · 69

STÉPHANIE · 14

ZOÉ · 19

COIFFURES PRATIQUES

Voici des coiffures faciles à réaliser qui vont vous sauver dans bien des situations.

CAMILLE · 57

CLOTHILDE · 99

Index en images

COIFFURES JOLIES

Elle vous réclame une coiffure différente à chaque fois ?

Pas de panique, voici des coiffures originales pour lui permettre de changer de tête, sans vous arracher les cheveux.

Introduction

Avant de démarrer, quelques clés pour devenir une experte en coiffure.

DU VOCABULAIRE

Tresse simple : il s'agit de la tresse à 3 brins, sous sa forme la plus basique et la plus courante.

Tresse collée : on l'appelle aussi "tresse africaine". C'est une tresse qui suit la forme de la tête. Elle a 3 brins et se construit au fur et à mesure des boucles en ajoutant régulièrement de nouvelles mèches de cheveux.

Tresse à 4 brins : on l'appelle aussi "tresse sirène".

Tresse nœud : et oui, on peut aussi faire de très belles tresses en nouant 2 mèches ensemble.

DU MATÉRIEL

Préparez devant vous tout le matériel dont vous aurez besoin avant de commencer la coiffure.

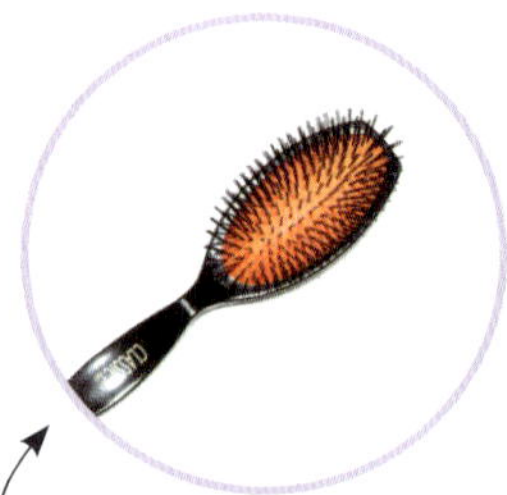

Une brosse à poil doux pour démêler sans trop tirer

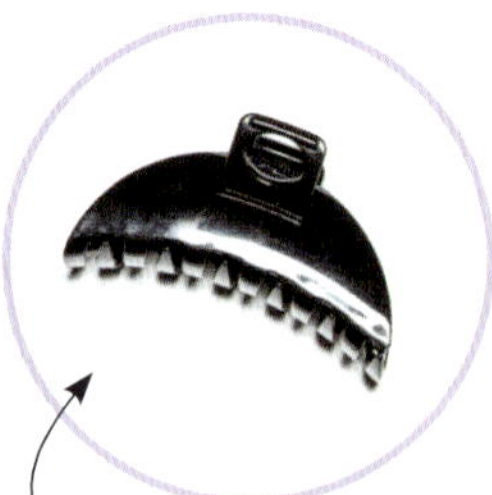

Une pince (ou deux) pour tenir les mèches qui patientent

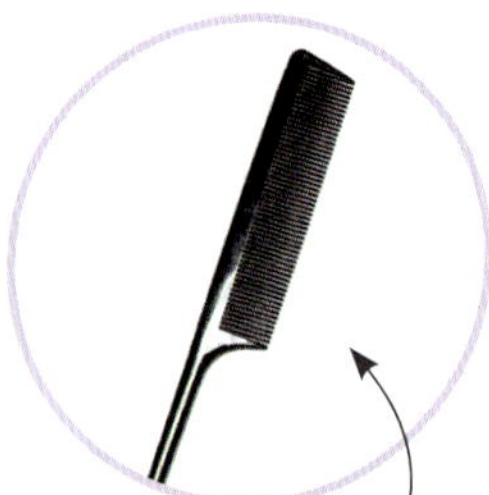

Un peigne pour une raie bien droite

Prévoyez du matériel d'attache de la couleur des cheveux pour qu'il reste discret.

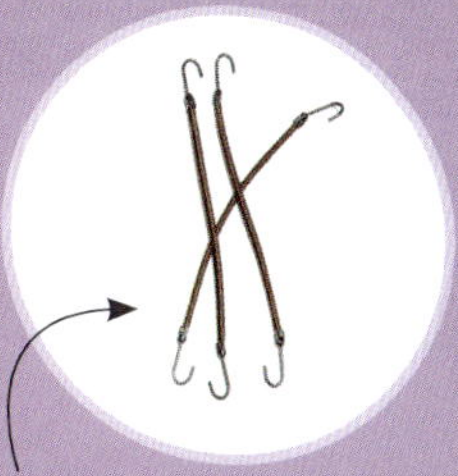

Des élastiques à crochets pour pouvoir les retirer une fois la coiffure terminée

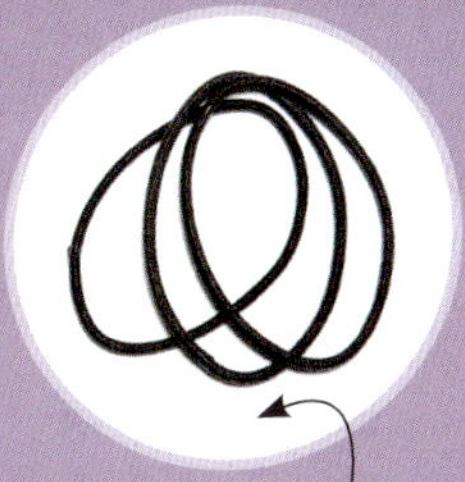

De gros élastiques pour les queues de cheval

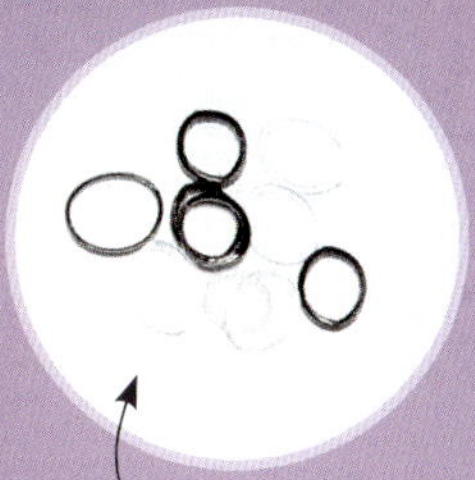

De petits élastiques pour les tresses

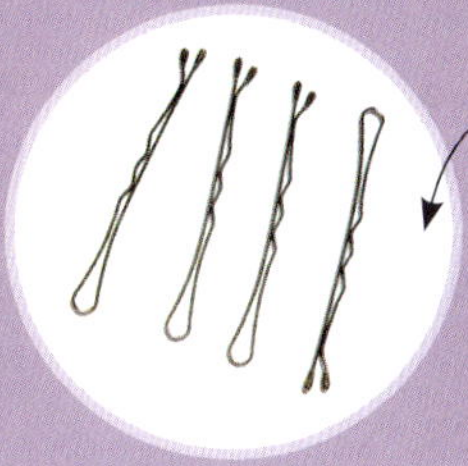

Des épingles plates

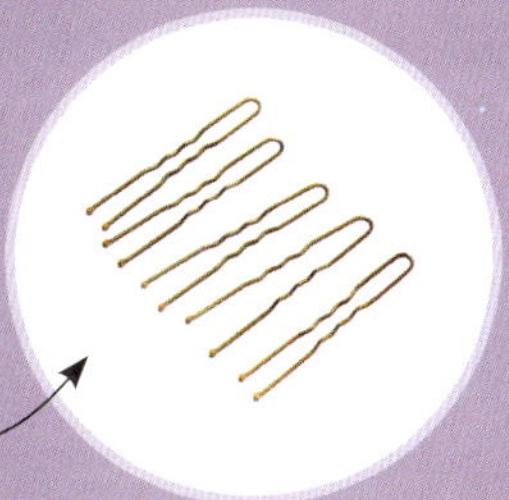

Des épingles à chignon

Pour certaines coiffures plus élaborées, vous pouvez avoir besoin d'autres outils.

Un hair stick, pour faire passer les cheveux à l'intérieur d'une queue de cheval

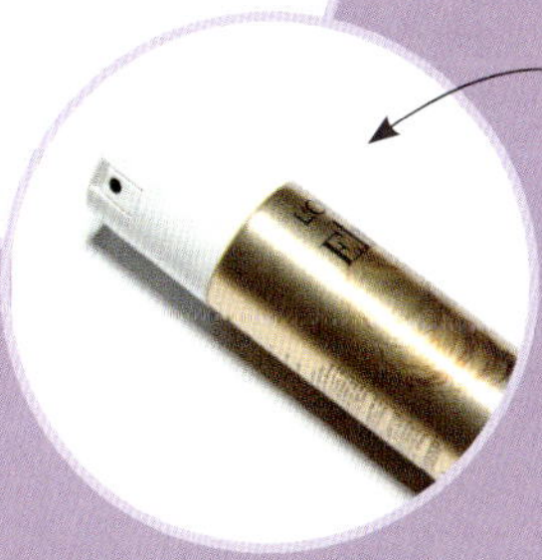

L'ingrédient indispensable à toute belle coiffure est bien sûr la laque. Donnez un coup de spray à la fin de chaque coiffure pour retenir les petits cheveux et faire tenir la coiffure le plus longtemps possible.

Introduction

LES ACCESSOIRES

Une belle coiffure, c'est bien.
Avec un bel accessoire, c'est encore mieux.

Serre-tête, barrettes, bijoux de cheveux… À vous de créer pour apporter la touche finale à la coiffure. Vous pouvez la faire passer d'une tresse quotidienne à une coiffure sophistiquée en une touche de paillettes.

Vous trouverez dans le commerce plein de jolies décorations de tête.

Amusez-vous.

REMERCIEMENTS

“Je remercie toutes les personnes qui ont apprécié mon premier livre et qui m'ont permis de réaliser ce second opus pour faire rêver les petites filles. Merci pour vos messages et vos photos.

Je remercie toujours aussi chaleureusement ma famille et mes ami(e)s pour leur soutien et leurs encouragements, même si la coiffure est un sujet obscur pour un certain nombre d'entre eux.

Merci à l'équipe Marie Claire Éditions, Adeline et Thierry pour leur confiance renouvelée.

Merci à Pierre qui a su divertir nos jeunes modèles pendant les shootings tout en prenant toujours d'aussi beaux portraits.

Merci à vous qui lirez ce livre et vous amuserez avec ces tutoriels.”

C'EST SIMPLE !

Niv. 2

Matériel :
1 PETIT ÉLASTIQUE

Joséphine

COIFFURE
JOLIE

Ce n'est pas que pour les **danseuses**

Joséphine

en étapes

1. Prenez 3 mèches sur le haut de la tête.

2. Commencez à tresser pour réaliser une tresse collée.

3. À chaque boucle de la tresse, ajoutez une mèche de cheveux au brin extérieur.

4. Continuez ainsi sur toute la tête en veillant à bien serrer les boucles de la tresse.

5. Finissez en tressant simplement le reste de la longueur.

6. Attachez avec un petit élastique.

Stéphanie

UNE COIFFURE EN FORME DE
paquet cadeau

ATTENTION
Niv. 3

Matériel :

1 GROS ÉLASTIQUE
DES ÉPINGLES PLATES
DES ÉPINGLES À CHIGNON

Stéphanie

★ en étapes ★

1. Rassemblez les cheveux en une queue de cheval haute et décentrée.

2. Séparez la queue de cheval en 2 mèches de même épaisseur.

3. Avec la première mèche, faites une boucle. Fixez-la à la base de la queue de cheval avec des épingles plates.

4. Enroulez la longueur de la mèche autour de l'élastique et fixez le tout avec des épingles à chignon.

5. Faites une boucle avec la seconde mèche.

6. Attachez la longueur autour de la base de la queue de cheval. N'hésitez pas à utiliser de la laque pour faire tenir le nœud en forme.

Matériel :

1 GROS ÉLASTIQUE
3 PETITS ÉLASTIQUES
DES ÉPINGLES À CHIGNON

ATTENTION
Niv. 3

COIFFURE FOLLE

Zoé

Plein de tresses pour un superbe chignon

Zoé

★ en étapes ★

1. Tracez une raie au milieu. Prenez 2 mèches sur le dessus de la tête et faites un nœud.

2. Gardez chacune des mèches dans une main différente et ajoutez-y de nouvelles mèches. Faites un nouveau nœud.

3

4

3. Continuez ainsi jusqu'au niveau de l'oreille. Attachez les 2 mèches restantes avec un petit élastique. Des longueurs doivent rester libres dans la nuque.

4. Réalisez la même tresse de l'autre côté.

Zoé (suite)

5

6

5. Attachez le tout en une queue de cheval haute. Commencez une tresse à 4 brins en séparant les cheveux en 2 mèches.

6. Prenez un brin à l'arrière d'une mèche pour le rabattre sur la seconde. Recommencez de l'autre côté.

7. Poursuivez ainsi sur toute la longueur. Attachez la pointe avec un petit élastique.

8. Remontez la tresse en chignon et fixez-le avec des épingles.

TROP FACILE !
Niv. 1

Matériel :
UN PETIT ÉLASTIQUE
2 GRANDES BARRETTES

COIFFURE
JOLIE

Daphné

Pour avoir l'air **d'une grande**

Daphné

★ en étapes ★

1. Fixez une première barrette pour ramener les cheveux d'un côté.

2. Positionnez la seconde de façon à libérer la nuque.

1

2

3. Séparez les cheveux en 3 mèches au niveau de l'épaule.

4. Tressez simplement sur le côté.

5. Attachez la tresse avec un petit élastique.

C'EST SIMPLE!

Niv. 2

COIFFURE
FOLLE

Léna

Ça **twiste** dans tous les sens

Matériel :
DES PETIT ÉLASTIQUE
1 HAIR STICK

Léna

★ en étapes ★

1. Prenez 2 mèches sur le haut de la tête.

2. Attachez-les ensemble avec un petit élastique.

3. Placez un second élastique quelques centimètres sous le premier.

4. Prenez 2 autres mèches au niveau des oreilles.

5. Rassemblez-les pour les passer dans la boucle du hair stick. Glissez ensuite la pointe du hair stick au-dessus de l'élastique de la mèche précédente pour y glisser cette seconde mèche.

6. Attachez tous les cheveux ensemble dans la nuque.

7. Passez la queue de cheval dans la boucle du hair stick pour la twister sur elle-même.

TROP FACILE !

Niv. 1

Matériel :

4 PETITS ÉLASTIQUES

COIFFURE
PRATIQUE

Juliette

Pour une tresse **facile** mais pas commune !

Juliette

★ en étapes ★

1. Tracez une raie sur le côté. Prenez une mèche au-dessus de l'oreille et séparez-la en 3 brins. Commencez une tresse collée.

2. À chaque boucle de la tresse, ajoutez une mèche de cheveux au brin extérieur du bas.

3. Serrez bien les boucles pour coller la tresse à la tête.

4. Tressez simplement sur toute la longueur et attachez avec un petit élastique.

Juliette (suite)

5

6

5. Tracez une seconde raie de l'autre côté de manière à laisser des cheveux libres sur le haut de la tête. Prenez une mèche et commencez une autre tresse collée.

6. Réalisez la troisième tresse collée avec les cheveux restant au milieu.

7. À chaque boucle, ajoutez des mèches aux brins extérieurs. Prenez tous les cheveux restants et tressez sur toute la longueur.

8. Faites une tresse simple avec les 3 longueurs de tresses pour un effet surprenant puis, si vous le souhaitez, réalisez un chignon en enroulant la tresse sur elle-même.

Matériel :

1 PETIT ÉLASTIQUE

DES ÉPINGLES À CHIGNON

ATTENTION

Niv. 3

Laurie

COIFFURE
FOLLE

Une couronne pour une *princesse*

Laurie

★ en étapes ★

1

1. Réalisez un chignon haut, tout en laissant une couronne de cheveux libres autour de la tête. Pour commencer à tresser, prenez une mèche au niveau de l'oreille et séparez-la en 3 brins.

2. Commencez la tresse collée en ajoutant une nouvelle mèche au brin extérieur à chaque boucle.

2

3. Tressez tout autour de la tête en serrant bien les boucles.

4. Continuez la tresse collée au-dessus de l'autre oreille.

Laurie (suite)

5

5. Passez sur le haut de la tête.

6. Finissez la tresse simplement et attachez avec un petit élastique.

6

7

8

7. Enroulez la longueur autour de la tête et cachez le bout sous une boucle de la tresse collée.

8. Fixez le tout avec des épingles à chignon.

COIFFURE FOLLE

Anaïs

DES TRESSES, DES TRESSES et encore des tresses

Matériel :
3 PETITS ÉLASTIQUES

TROP FACILE !
Niv. 1

Anaïs

★ en étapes ★

1. Prenez une mèche sur un côté et séparez-la en 3 brins.

2. Tressez simplement sur toute la longueur et attachez avec un petit élastique.

3. Recommencez juste en dessous pour réaliser une seconde tresse.

4. Divisez le reste des cheveux en 3 parties et ajoutez les 2 petites tresses.

5. Faites une grande tresse sur toute la longueur, sur le côté ou à l'arrière de la tête selon votre goût.

C'EST SIMPLE !

Niv. 2

Matériel :

1 GROS ÉLASTIQUE

1 PETIT ÉLASTIQUE

COIFFURE
FOLLE

Éva

Ça tourne comme sur un manège

Éva

★ en étapes ★

1. Attachez les cheveux en une queue de cheval haute et commencez une tresse fine.

2. Après quelques boucles, ajoutez une nouvelle mèche à un brin de la tresse.

3. Continuez la tresse en ajoutant régulièrement de nouvelles mèches.

4

5

4. Faites passer la tresse sous la queue de cheval pour la faire tourner tout autour.

5. Recommencez autant de fois que nécessaire sur toute la longueur et attachez avec un petit élastique. Vous pouvez aussi remonter le tout en un chignon lâche.

COIFFURE PRATIQUE

Cécile

Un serre-tête **tout en cheveux**

C'EST SIMPLE !
Niv. 2

Matériel :
1 PETIT ÉLASTIQUE

Cécile

★ en étapes ★

1. Ramenez tous les cheveux d'un côté de la tête. Prenez une mèche au-dessus de l'oreille, séparez-la en 3 brins et commencez à tresser.

2. À chaque boucle de la tresse, ajoutez une nouvelle mèche de cheveux au brin qui est vers le visage.

3. Continuez cette tresse collée sur le haut de la tête jusqu'à l'autre oreille.

4. Finissez en tresse simple sur toute la longueur.

5. Attachez avec un petit élastique.

TROP FACILE !

Niv. 1

Matériel :

DES PETITS ÉLASTIQUES
DES ÉPINGLES À CHIGNON
DES ÉPINGLES PLATES
DES BARRETTES

Camille

On peut tout faire juste avec
2 tresses

COIFFURE
PRATIQUE

Camille

★ LA PRÉPARATION ★

1. Divisez les cheveux en 2 parties par une raie centrale. Séparez la première partie en 3 brins.

2. Tressez simplement sur la longueur et attachez avec un petit élastique.

3. Réalisez la même tresse de l'autre côté.

4. Vous avez maintenant 2 tresses qui vont servir de base pour réaliser plusieurs coiffures.

3

4

VERSION n°1

VERSION n°2

VERSION n°3

Camille (suite)

VERSION n°1

Un goût de macaron

1. Enroulez chaque tresse sur elle-même pour faire un macaron dans la nuque.

2. Fixez avec des épingles à chignon.

3. Vous pouvez placer les chignons plus ou moins haut selon votre goût.

VERSION n°2

Un chignon de tresses

1. Croisez les 2 tresses à l'arrière de la tête.

2. Faites revenir les longueurs et cachez les pointes sous les tresses.

3. Maintenez la coiffure dans la forme que vous souhaitez avec des épingles à chignon.

1

2

3

Camille (suite)

VERSION n°3

Un air champêtre

1. Remontez chacune des tresses sur le haut de la tête.

2. Vous pouvez les fixer avec de discrètes épingles plates.

3. Vous pouvez aussi choisir de belles barrettes pour les faire tenir.

3

COIFFURE
PRATIQUE

Jade

Pour retenir les cheveux d'une façon originale

TROP FACILE!

Niv. 1

Matériel :

DES PETITS ÉLASTIQUES
1 HAIR STICK

Jade

★ *en étapes* ★

1

1. Tracez une raie assez loin sur le côté. Prenez une petite mèche à l'avant de la tête.
2. Attachez-la avec un petit élastique.

2

3

4

3. Passez la mèche dans la boucle du hair stick et glissez la tige juste au-dessus de l'élastique. La mèche va ainsi se twister sur elle-même.

4. Recommencez plusieurs fois toutes les étapes de façon à retenir tous les cheveux sur le haut de la tête.

TROP FACILE !

Niv. 1

Matériel :

DES ÉPINGLES À CHIGNON

Marie

COIFFURE
FOLLE

Un air de **reine** moderne

Marie

en étapes

1. Brossez tous les cheveux en arrière.

2. Séparez une première partie des cheveux sur le haut de la tête et entortillez cette mèche sur elle-même.

3. Enroulez cette mèche en chignon légèrement décentré sur le côté de votre choix. Fixez-le avec des épingles.

4. Entortillez une deuxième partie des cheveux de la même manière.

5. Enroulez et attachez le chignon avec les épingles sous le premier.

6. Finissez la coiffure en faisant de même avec le reste des cheveux.

COIFFURE JOLIE

Adélie

Une coiffure tout en **douceur**

TROP FACILE !

Niv. 1

Matériel :

1 GROS ÉLASTIQUE
1 PETIT ÉLASTIQUE
1 HAIR STICK

Adélie

★ en étapes ★

1. Ramenez les cheveux en une queue de cheval basse.

2. Passez la queue de cheval dans la boucle du hair stick.

3. Glissez la tige du hair stick au milieu des cheveux au-dessus de l'élastique et tirez pour y faire passer la queue de cheval.

4

5

6

4. Vous obtenez ainsi un twist à la base de la queue de cheval, qui libère le hair stick.

5. Séparez la longueur en 3 mèches.

6. Tressez simplement et attachez avec un petit élastique.

COIFFURE
JOLIE

Solène

Une tresse collée du plus bel effet

C'EST SIMPLE !
Niv. 2

Matériel :
1 PETIT ÉLASTIQUE

Solène

★ en étapes ★

1. Prenez une mèche d'un côté. Séparez-la en 3 brins.

2. Commencez une tresse collée en ajoutant une mèche au brin extérieur à chaque boucle. D'abord au brin du haut.

3. Ensuite au brin du bas.

4. Continuez la tresse collée à l'arrière de la tête de façon à ce qu'elle se dessine d'une oreille à l'autre.

5. Serrez bien les boucles et les mèches ajoutées au fil de la tresse.

6. Une fois tous les cheveux pris dans la tresse, finissez en tressant simplement sur la longueur. Attachez avec un petit élastique.

C'EST SIMPLE !

Niv. 2

Matériel :

DES PETITS ÉLASTIQUES
DES ÉPINGLES À CHIGNON

Hala

COIFFURE
JOLIE

Une queue de cheval, **beaucoup de possibilités**

Hala

★ LA PRÉPARATION ★

1. Brossez tous les cheveux en arrière.

2. Ramenez-les sur le haut de la tête et attachez-les bien serrés avec un gros élastique.

3. Vous avez maintenant une queue de cheval haute qui va servir de base pour réaliser plusieurs coiffures.

3

VERSION n°1

VERSION n°2

VERSION n°3

VERSION n°1

La queue de cheval tressée

1. Séparez la queue de cheval en 3 mèches.
2. Tressez sur toute la longueur sans trop serrer les boucles.
3. Attachez avec un petit élastique.

VERSION n°2

Le chignon haut

1. Enroulez la longueur de la queue de cheval sur elle-même qu'elle soit tressée ou laissée libre.

2. Attachez le chignon avec plusieurs épingles.

3. Vous pouvez agrémenter la coiffure de barrettes posées à la base du chignon.

Hala (suite)

VERSION n°3

La double tresse

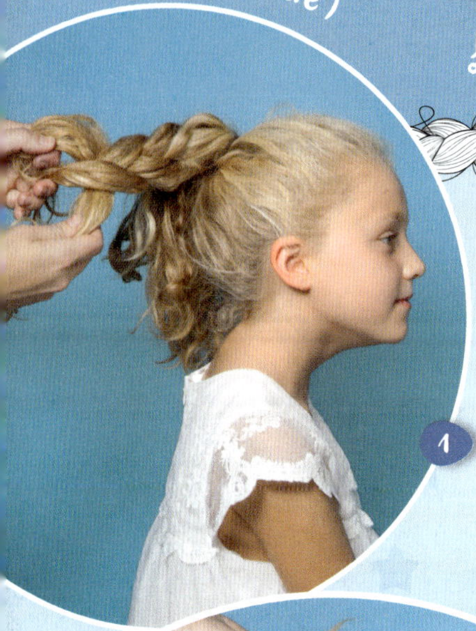

1

1. Séparez la queue de cheval en 2 mèches. Tressez la première mèche.

2. Tressez ensuite la seconde. Attachez-les séparément avec de petits élastiques.

3. Vous pouvez réaliser autant de tresses que vous le souhaitez selon la longueur et l'épaisseur des cheveux.

2

3

C'EST SIMPLE !
Niv. 2

COIFFURE
JOLIE

Solweig

UNE CASCADE de cheveux

Matériel :
1 PETIT ÉLASTIQUE
DES ÉPINGLES À CHIGNON

Solweig

★ en étapes ★

1. Prenez une mèche d'un côté de la tête et séparez-la en 3 brins.
2. Démarrez la tresse.

3. Laissez libre la mèche du bas. Prenez une nouvelle mèche au-dessus de la tresse.

4. À chaque boucle, recommencez cette opération.

5. Vous devez toujours avoir en main 3 brins et laisser une mèche de la boucle précédente libre.

6. Une fois le tour de la tête fait, terminez la tresse sur toute la longueur et attachez-la avec un petit élastique.

7. Fixez la tresse sur la tête grâce à des épingles à chignon glissées dans les boucles.

6

7

COIFFURE
FOLLE

fifi

Un peu de fil de fer
et beaucoup de magie

Matériel :

2 PETITS ÉLASTIQUES
2 MORCEAUX DE FIL DE FER

fifi

★ en étapes ★

1. Tracez une raie centrale pour séparer les cheveux en 2 parties.

2. Faites une tresse simple qui part au niveau de l'oreille.

3. Réalisez la même tresse de l'autre côté.

4. Faites glisser les morceaux de fil de fer dans les boucles de la tresse et donnez-leur la forme que vous souhaitez pour les faire léviter.

TROP FACILE !
Niv. 1

Clothilde

COIFFURE PRATIQUE

Pour ne pas avoir les cheveux devant les yeux

Matériel :
1 PETIT ÉLASTIQUE

Clothilde

★ en étapes ★

1. Tracez une raie sur le côté.

2. Prenez une mèche sur le haut et l'avant de la tête.

3. Séparez cette mèche en 3 brins.

4. Tressez simplement à partir du côté de la tête.

5. Continuez sur toute la longueur et attachez avec un petit élastique.

ATTENTION

Niv. 3

Matériel :

1 GROS ÉLASTIQUE
2 PETITS ÉLASTIQUES
DES ÉPINGLES À CHIGNON

Inès

Pour ressembler
à une poupée

Inès

★ en étapes ★

1

2

1. Attachez une petite mèche d'un côté sur le haut de la tête.

2. Faites une queue de cheval haute avec le reste des cheveux.

3. Séparez la petite mèche en 3 brins. Ajoutez une mèche de la queue de cheval au brin intérieur.

4. Démarrez la tresse en ajoutant à chaque boucle une nouvelle mèche venant de la queue de cheval.

5. Petit à petit, tous les cheveux de la queue de cheval doivent être pris dans la tresse.

6. Continuez en tresse simple sur la longueur et attachez par un petit élastique.

7

8

7. Remontez la tresse autour de la queue de cheval pour créer un chignon.

8. Maintenez-le avec des épingles à chignon tout autour de la base de la queue de cheval.

COIFFURE
JOLIE

Romane

Les seuls **nœuds**
que vous allez aimer

Matériel :

1 GROS ÉLASTIQUE
1 PETIT ÉLASTIQUE

Romane

★ en étapes ★

1. Attachez les cheveux avec le gros élastique en une queue de cheval basse et décentrée.

2. Prenez 2 mèches de la queue de cheval et faites un nœud simple.

3. Rassemblez la longueur du premier nœud dans une main et prenez une autre mèche.

4. Faites un nouveau nœud avec ces 2 mèches sans trop serrer.

5. Continuez ainsi sur toute la longueur. Attachez la pointe avec un petit élastique.

COIFFURE
JOLIE

Natacha

DU RUBAN et des **mèches**

Matériel :
1 PETIT ÉLASTIQUE
1 FIN RUBAN DE COULEUR

TROP FACILE !

Niv. 1

Natacha

★ en étapes ★

1. Prenez une petite mèche au-dessus de l'oreille et attachez-la avec le ruban.

2. Séparez cette mèche en 3 brins. Placez le ruban dans un ou plusieurs brins comme sur la photo.

3. Ajoutez une mèche au brin du haut et commencez à tresser.

4

5

4. À chaque boucle de la tresse, ajoutez une nouvelle mèche au brin du haut.

5. Continuez à tresser tout autour de la tête. Pensez à bien placer le ruban pour qu'il reste visible.

6. Ensuite tressez simplement la longueur. Attachez le tout avec un petit élastique que vous cacherez derrière le reste de ruban.

6

C'EST SIMPLE !

Niv. 2

Matériel :

2 PETITS ÉLASTIQUES
2 BARRETTES
DES ÉPINGLES PLATES

Lola

COIFFURE
JOLIE

Une bien jolie **couronne**

Lola

★ en étapes ★

1. Séparez les cheveux en 2 parties par une raie centrale. Prenez une mèche sur un côté. Séparez-la en 3 brins.

2. Commencez une tresse collée.

3

3. À chaque boucle, ajoutez une mèche au brin extérieur.

4. Continuez la tresse collée jusque dans la nuque.

4

Lola (suite)

5

5. Finissez de tresser sur la longueur et attachez avec un petit élastique.

6. Réalisez la même tresse de l'autre côté.

6

7. Croisez les 2 tresses
à l'arrière de la tête.

8. Attachez-les avec de discrètes
épingles plates ou de belles barrettes.

C'EST SIMPLE !

Niv. 2

Matériel :

1 PETIT ÉLASTIQUE

DES ÉPINGLES À CHIGNON

Astrid

COIFFURE FOLLE

La coiffure parfaite pour une
demoiselle d'honneur

Astrid

★ en étapes ★

1

2

1. Tracez un raie sur le côté. Prenez la mèche sur le haut de la tête et séparez-la en 3 brins.

2. Commencez à tresser en ajoutant à chaque boucle une mèche au brin du bas.

3. Continuez la tresse collée à l'arrière de la tête en serrant bien les boucles.

4

4. Une fois tous les cheveux pris, finissez simplement la tresse sur la longueur et attachez-la avec un petit élastique.

5. Ramenez la longueur à l'arrière de la tête et cachez la pointe sous les boucles de la tresse.

6. Fixez la longueur avec des épingles à chignon. Vous pouvez aussi en glisser dans les boucles de la tresse collée pour bien la maintenir.

Direction d'édition : Thierry Lamarre
Édition : Adeline Lobut
Créations et réalisation : Alice Peuple
Correction-révision : Isabelle Misery
Photographies : Pierre Nicou
Stylisme : Juliette Blondel
Conception graphique, mise en pages
et couverture : Either studio
Illustrations : ©Freepik

Éditions Marie Claire
Publiées par Société d'Information et de Créations - SIC - Une société de Marie Claire Album
10, bd des Frères-Voisin 92792 Issy-les-Moulineaux CEDEX 9 - France
Tél. 01 41 46 88 88
RCS Nanterre 302 114 509
SARL au capital de 3.822.000 euros

Certifié PEFC
Ce produit est issu de forêts gérées durablement et de sources contrôlées
PEFC
PEFC/18-31-330
www.pefc.org

ISBN : 978-2-84831-868-4
N° Éditeur : 38369
Imprimé par G. Canale, Borgaro (Italie).
Dépôt légal : mars 2016

www.editionsmarieclaire.com